RELATION

Du Voyage des cent trente-deux Nantais, envoyés à Paris par le Comité révolutionnaire de Nantes.

AVERTISSEMENT.

CETTE Relation n'étoit point destinée à l'impression : quelques-uns d'entre nous l'avoient rédigée comme on rédige des notes sur les événemens les plus remarquables de sa vie, c'est-à-dire, sans soin & sans prétention. Tant que le Comité révolutionnaire de Nantes a exercé, dans cette Commune & dans le Département de la Loire inférieure, la puissance la plus arbitraire, la crainte bien légitime d'exposer à sa fureur nos familles entières, nous a imposé la loi du plus rigoureux silence. Pleins de confiance dans la justice nationale, nous avons dû étouffer nos plaintes. Mais aujourd'hui qu'il est bien prouvé que le Comité de Nantes a épuisé sur nous tous ses moyens de nuire, nous devons à la vérité, à la justice & à l'humanité, de déclarer toutes les persécutions auxquelles nous avons été en butte. On verra, par cette relation, quels ont pu être les desseins du Comité, en nous faisant faire un voyage aux accidens duquel nous n'avons pu échapper que par une suite de prodiges. Si dans un Département où il existoit tout-à-la fois, Tribunal révolutionnaire, (1) Commission militaire & Tribunal criminel, on n'a trouvé d'autres moyens de se défaire de nous qu'en nous dévouant à une mort presqu'inévitable, il est bien évident que nous ne sommes qu'un triage d'hommes, victimes des fureurs contre-révolutionnaires du Comité, & innocens, même de son aveu.

(1) Ce Tribunal étoit en activité depuis le 9 Brumaire, c'est-à-dire, un mois avant notre départ. Le Comité de Nantes est maintenant traduit au Tribunal Révolutionnaire, à Paris.

LIBERTÉ. ÉGALITÉ. FRATERNITÉ.

RELATION

Du voyage des cent trente-deux Nantais, envoyés à Paris par le Comité révolutionnaire de Nantes.

L'AN deuxième de la République Françaiſe, une & indiviſible, le 7 Frimaire, (27 Novembre 1793, *vieux ſtyle*), nous ſommes partis de la maiſon de l'Eperonnière, ſituée à l'extrémité de la ville de Nantes, ſur le chemin de Paris, au nombre de cent trente-deux, conduits par un détachement du onzième bataillon de Paris, que commandoit le citoyen Bouſſart.

Réveillés dès cinq heures du matin, à ſept heures rangés ſur deux lignes dans la cour, on nous ordonna de remettre nos couteaux, ciſeaux, raſoirs, &c. leſquels ne nous ont pas été reſtitués, & dont nous ne connoiſſons pas encore les dépoſitaires. Le citoyen *Borgnier*, qui eſt mort à Paris, & dont l'épouſe s'eſt de déſeſpoir jettée par une

A

fenêtre dans la rue du Temple (1), réclama contre son envoi à Paris, & protesta qu'il n'étoit point inscrit sur la liste ; mais bien un nommé *Borgnis*, auquel on le substituoit. Nous nous attendions si peu à partir, que nous n'avions, la plupart, que des sabots. Il fut permis à chacun de nous de prendre une paire de souliers de munition. La consigne nous défendoit de rentrer dans les chambres ; ceux qui restoient nous jettèrent, par les fenêtres, nos couvertures : c'est tout ce que nous pûmes emporter ; quelques-uns avoient eu la précaution de descendre leurs paquets. Toute communication, avant le départ, nous fut refusée ; on repoussoit nos femmes éplorées, nos parens consternés. Pour la première fois les tyrans furent, sans le vouloir, humains par l'excès même de leur barbarie : ils nous épargnèrent l'horreur des adieux ! Une épouse ne pouvant voir son mari, lui écrivit sur un chiffon, au dos d'un très-court mémoire de blanchissage : l'officier de garde porta le scrupule jusqu'à refuser de remettre ce billet, dans la crainte que les chiffres ne fussent des caractères secrets. Nous partîmes à midi ; on nous avertit que quiconque s'écarteroit d'un pas seroi fusillé. Onze voitures avoient reçu le plus grand nombre des vieillards, malades & infirmes ; à trois quarts de lieue de Nantes, ceux qui avoient leurs paquets purent les déposer sur un charriot. Nous nous examinions les uns après les autres, notre

1) Hôtel de l'Europe.

ſurpriſe étoit extrême ; nous ne nous connoiſſions point ; nulles relations d'aucune eſpèce n'avoient exiſté entre preſque tous. Nous arrivâmes à *Oudon* vers les neuf heures du ſoir, au milieu de l'obſcurité la plus profonde, en marchant dans la boue, & n'ayant pris, depuis le matin, ni repos ni nourriture. A la deſcente d'*Oudon*, l'un de nous diſparoît ; il étoit également facile à tous les autres de s'échapper : le chemin étoit ſi mauvais & la nuit ſi noire, que ſoldats & citoyens tomboient pêle mêle dans les foſſés, & s'entr'aidoient à ſe relever. *Tiger*, l'un de nous, s'égara ; une vieille femme lui offrit un aſyle sûr ; il refuſa cette offre, & ſe fit conduire à *Oudon*. On nous y avoit logés dans l'égliſe, ſur de la paille. On nous diſtribua du vin, du pain très-noir & du lard rance, ſi mauvais que les volontaires s'en ſervoient pour graiſſer leurs ſouliers. Pluſieurs furent obligés de reſter aſſis ou debout pendant toute la nuit ; elle fut mauvaiſe pour tous : déja nous avions pluſieurs malades. Le citoyen *Fleuriot*, natif d'*Oudon*, paſſa la nuit, couché ſur la tombe de ſon perė !

Le lendemain le rappel battit à cinq heures, nous partîmes à ſept ; à Ancenis, où nous ne fîmes que paſſer, des volontaires, trompés ſur notre véritable qualité, nous accablèrent d'injures violentes. A une demi-lieue de cette ville, nos plaintes nous obtinrent une halte de quelques minutes pour dévorer les reſtes de notre repas de la veille. Quelques-uns étoient si fatigués qu'ils restoient en arrière, malgré la lenteur de la marche; à défaut de voitures, il fallut les monter sur des chevaux d'officiers. Notre entrée à *Varades* fut très-inquiétante. Nous y entendîmes des injures & des menaces plus fortes & plus multipliées qu'à *Ancenis*. On nous logea dans l'église, sur du foin mouillé; nous éprouvions l'extrême incommodité de ne pouvoir sortir qu'un à un pour satisfaire aux besoins les plus pressans: on nous donna du vin, du même pain qu'à *Oudon*, & du bœuf salé.

Le 9 frimaire, nous nous mîmes en route à huit heures (1). Nous devions coucher à *Saint-Georges*, mais nos conducteurs y furent informés que les brigands se disposoient à attaquer *Angers*; ce qui leur fit craindre d'être coupés dans leur route, & les détermina à la poursuivre. Après une halte d'une demi-heure, à deux cents pas au-delà du bourg, on nous distribua le reste des provisions de *Varades*,

(1) L'un d'entre nous dormoit dans un confessional, au moment où sortis de l'église, nous allions nous remettre en route. Il fut éveillé par les menaces de *Bologniel*, membre du Comité révolutionnaire de Nantes, & l'un de nos conducteurs. *Les b..... les f.... gueux*, disoit-il, *si j'en trouvois encore un ici, je lui abattrois la tête avec mon sabre*. Alors *Bologniel* étoit seul dans l'église avec quatre gardes nationaux. Notre compagnon d'infortune n'osa quitter son confessional; il ne sortit de l'église qu'après *Bologniel*, & se mettant en route, seul, il nous rejoignit peu après.

avec du vin blanc qui ne reſſembloit pas mal à de l'eau de leſſive. Il faiſoit un froid rigoureux ; nous fûmes obligés d'allumer du feu d'épines sèches ſur le grand chemin. Un grand nombre d'entre nous fut chargé ſur des charrettes, & porté de la ſorte à Angers, où nous fûmes dépoſés au Séminaire ; il étoit dix heures du ſoir.

On en avoit d'abord fait deſcendre pluſieurs vis-à-vis l'ancienne cathédrale, déjà remplie de priſonniers. Comme la foule étoit très-grande pour les voir, les injurier & les menacer, la fuite eût été facile à quiconque en eût eu le deſſein. Un habitant d'*Angers* ſe précipita ſur l'un de nous, en le qualifiant de brigand, & voulut le frapper. Quatre Volontaires s'oppoſèrent à ſa violence. Nous devons déclarer que les braves Pariſiens ont eu pour nous tous les égards que leur commandoient la juſtice & l'humanité. Perſuadés que tant que la loi n'a pas frappé un citoyen, il eſt ſous ſa ſauve-garde, ils proclamèrent qu'ils périroient tous plutôt que de laiſſer violer le dépôt qui leur étoit confié. *Bouſſart*, leur commandant, en fit la proteſtation en ſon nom & en celui de ſon bataillon (1). Lorſqu'au ſéminaire il eut fait l'appel nominal, qu'il nous eut tous comptés

(1) C'eſt lui qui ayant été témoin & préſent à la ſéance du Comité révolutionnaire de Nantes, raconta à pluſieurs d'entre nous la manière dont s'étoit fait le triage des 132 Nantais, envoyés *ſur la route de Paris*.

es uns après les autres, & vérifié qu'il n'en manquoit aucun, hors celui dont il avoit appris la fuite à *Oudon*, sa joie fut telle qu'il nous témoigna hautement que nous paroissions dignes de toute la confiance des Républicains, puisque nous n'avions pas trahi la sienne, lorsque mille circonstances inévitables nous en avoient fourni l'occasion.

Le peu de vivres qui nous avoit été distribué à *Saint-Georges* étoit consommé. Nous comptions sur une distribution nouvelle, que nos fatigues nous rendoient indispensable. Notre espoir fut déçu. Le concierge fut seulement autorisé à nous vendre ce qu'il auroit ; cela se réduisit à de mauvaise soupe, de plus mauvais vin, & quelques morceaux de lard, en si petite quantité, que le plus grand nombre n'y put avoir part. On nous accorda l'usage de toute la maison ; nous couchâmes, les uns sur la paille, les autres sur des paillasses & matelats appartenant à des détenus que nous remplaçions.

On parloit alors d'échanges de détenus entre les départemens. Nous crûmes que notre translation étoit le résultat de cette mesure, & que nous séjournerions à Angers. (1) La maison étoit

(1) Quelques expressions du citoyen *Boussart*, lors de l'appel nominal fait à Angers, nous laisserent beaucoup de doutes sur la réalité du voyage de Paris ; & ces doutes furent accrus par une scène violente qui eut lieu, au séminaire, en notre présence, entre *Boussart* & un Membre du Comité Révolutionnaire d'Angers.

commode ; nous pouvions, au travers de la double porte du porche, parler aux Citoyens qui nous venoient voir. On nous permettoit de faire venir du dehors des alimens, nous profitâmes de cette permission. Nos dîners étoient arrivés, nous nous mettions à table, avec un sentiment de joie, fondé sur notre bien-être relatif, & sur celui bien plus grand encore de notre parfaite innocence. Tout-à-coup une garde d'environ deux cents hommes, entre dans la cour ; on nous annonce notre départ prochain : mille inquiétudes se propagent. (1) Nous mangeons à la hâte & nous faisons nos paquets. Nous descendons. Des Gendarmes se présentent avec des pelotes de cordes sous le bras, & nous annoncent qu'elles nous sont destinées. A cette nouvelle, des larmes coulèrent des yeux de quelques-uns d'entre nous ; ils avoient vu lier ainsi les scélérats & les assassins ; ils étoient innocens, le désespoir les saisit. Aux demandes que nous fîmes, on répondit avec un mystère effrayant ; sans-doute quelques plaintes un peu vives leur échappèrent, car un Gendarme tira son sabre & tous les autres à son exemple ; plusieurs Volontaires, le fusil armé, sortirent de leurs rangs, & il seroit arrivé quelqu'événement sinistre, si deux

(1) Le bruit s'étoit répandu que les détenus que nous avions remplacés au Séminaire, avoient été fusillés & noyés au Pont de Cé le même jour.

d'entre nous n'euſſent appaiſé les Gendarmes en les avertiſſant qu'ils trouveroient dans les détenus la plus grande docilité. Ils ſe firent lier les premiers, & la chaîne fut en un inſtant formée ; un Gendarme pleuroit.

Nous ſortîmes. Les Gendarmes, à notre tête, s'oppoſoient à ce qu'on nous invectivât, & écartoient les hommes violens. Nous parcourûmes pluſieurs rues, on nous fit traverſer la place de la Révolution. La manière dont nous étions conduits, & les horreurs commiſes par les brigands dont on nous croyoit complices, peuvent à peine excuſer les menaces & les imprécations faites, en ce lieu, contre nous. On nous conduiſoit aux priſons ci-devant royales d'*Angers*.

Là, nous ceſsâmes d'être ſous la ſurveillance de quatre Citoyens, (1) dont l'un étoit Membre, & les autres Commiſſaires du Comité Révolutionnaire de Nantes. Ils étoient chargés de nous préparer des logemens & de pourvoir à notre ſubſiſtance. Ils connoiſſoient aſſez particulièrement pluſieurs d'entre nous : auſſi notre ſurpriſe fut quelquefois extrême. *Naud*, l'un d'eux, étoit dans la cour du ſéminaire, lorſqu'on nous lia de cordes. Il nous accompagna juſqu'aux priſons, & ſes collègues s'étoient placés dans la rue pour nous

(1) *Naud*, *Bologniel*, *Joly* & *Dardar*.

voir passer. Nous rencontrâmes encore *Naud* entre les deux guichets, où il nous fit défiler & compter en sa présence.

Nous étions dans la cour; il étoit cinq heures; c'étoit l'instant du crépuscule : nous gardions le plus profond silence, & notre stupéfaction ne peut se dépeindre. Nous remarquâmes le long de la muraille opposée au plan sur lequel nous étions rangés en espèce de demi-bataillon quarré, des chemises, chapeaux, habits, &c., qu'un bruit vague, qui se répandit avec la rapidité de l'éclair, nous fit considérer à tous comme les dépouilles d'hommes qui venoient de cesser de vivre.

Enfin on ouvrit une chapelle qui étoit vis-à-vis de nous; on nous y poussa jusqu'à ce qu'il ne fût plus possible d'y en faire entrer; & nous y étions pressés au point qu'il en fallut faire sortir plusieurs pour pouvoir fermer la porte. Cette chapelle avoit douze pieds & demi de largeur sur vingt-quatre pieds de longueur : nous étions quatre-vingt-un; chacun avoit par-conséquent, à sa disposition, trois pieds six pouces de surface; nous étions obligés de nous tenir dans les posititions les plus gênantes & les plus douloureuses. Quelques bottes de paille nous furent jettées : on nous avoit enfermés sans vivres & sans lumière; nous avions par bonheur un briquet, de l'amadou, & quelques paquets de petite bougie. Malgré la rigueur de la ſaiſon & l'ouverture de la fenêtre, nous étouffions de chaleur. On nous avoit donné, pour nos beſoins, un ſeul ſeau de grandeur ordinaire; il nous étoit preſque inutile, vû l'état d'immobilité auquel nous étions condamnés: cependant quelques-uns furent forcés de s'en ſervir; mais comme les beſoins n'étoient pas circonſcrits au voiſinage du ſeau, on le demanda à l'autre extrêmité de la Chapelle: on le faiſoit paſſer de main en main, par-deſſus les têtes; & nul ne pouvant agir librement, il fut verſé, inonda cinq à ſix perſonnes, & remplit d'infection toute la Chapelle. Nous ne pouvions croire qu'on dût nous faire paſſer la nuit, dans une ſituation ſi pénible. Nous attendions, à chaque inſtant, notre tranſlation dans un local moins mal-ſain & plus étendu. Nous nous trompions: qu'on juge de ce que nous avons ſouffert pendant cette nuit! La porte ne fut ouverte qu'à huit heures & demie du matin; on la referma auſſi-tôt.

Alors nous apprîmes que le citoyen *Bouſſard* avoit été arrêté par le Comité révolutionnaire d'Angers, pour avoir, diſoit-on, mis trop de chaleur dans un débat qui nous concernoit. On diſoit encore qu'il avoit rendu de nous le meilleur compte; qu'il avoit aſſuré que nous n'étions pas ce qu'on nous préſumoit être; & même que, témoin de la manière dont le triage des détenus s'étoit fait à

Nantes, lequel étoit principalement fondé fur le caprice, la vengeance, les haînes perfonnelles, la paffion & l'arbitraire le plus effroyable, il avoit penfé & déclaré qu'il ne croyoit pas poffible que rien de finiftre arrivât à des hommes qui s'étoient comportés comme nous fur la route.

A notre fortie de la chapelle, les premiers objets qui frappèrent nos regards, furent un égoût infect, qui traverfoit, à découvert, la cour dans fa largeur, & un énorme tas de fumier, compofé d'excrémens humains & de pailles pourries, qui occupoit au moins le huitième de fa furface; enfin un puits qui chaque foir étoit épuifé, dont l'eau fort mauvaife étoit la feule boiffon légale des prifonniers, & où plufieurs de ceux-ci s'étoient noyés.

Nous avions, pour co-habitans, des hommes condamnés aux fers, des fcélérats, des brigands. (1) Au moment où tous les prifonniers fortoient de leurs cachots, contraints, à défaut de latrines, de fatisfaire, dans la cour, à leurs befoins, forcés de vuider les bailles fur ce tas de fûmier, qui n'exhaloit déjà que trop de miafmes peftilentiels; obligés de brûler de la paille humide pour faire bouillir l'eau que ces miférables appel-

(1) Au bout de vingt-quatre heures, nous fûmes couverts de leur vermine.

loient leur soupe, il en résultoit une telle infection, que l'homme de la santé la plus robuste en étoit affecté. Peu de jours avant notre départ, deux Officiers Municipaux, chargés de vérifier si notre situation étoit aussi affreuse que nous l'avions exposée, se bouchèrent le nez dès l'entrée de la cour, & n'auroient pu pousser plus loin leur visite, si nous ne leur avions donné du vinaigre des quatre voleurs. Nous les vîmes répandre des larmes.

Après midi, on nous distribua du pain qui n'étoit pas mangeable. Il résulta de notre communication avec la geole, que nous apprîmes l'arrivée de cinq autres détenus Nantais, (1) & la répartition du reste de notre troupe dans deux cachots de l'intérieur. Nous fûmes touchés d'un trait d'amitié fraternelle : *Devay*, jeune, célibataire & infirme, avoit comparu à l'appel qui s'étoit fait lors de notre départ, & s'étoit ainsi dévoué pour son frère aîné, père de sept enfans en bas-âge, & l'unique soutien de toute sa famille. Celui-ci est

(1) Il sembloit que le nombre de 132 eut, pour le Comité Révolutionnaire, un attrait singulier. Il avoit signé l'ordre de relâcher cinq d'entre nous, on ne sait par quel motif; car, ou il n'y en avoit pas eu de les faire partir, ou il n'y en avoit d'autres pour les mettre en liberté que la corruption & l'arbitraire. Il s'empressa d'en faire partir cinq autres, qui ne furent pas peu surpris de cette étrange substitution.

mort, à Paris, après ſept jours d'agonie, & l'autre eſt encore parmi nous. Il ſemble cependant qu'un acte auſſi généreux lui méritoit un meilleur ſort.

Lorſqu'on ſut que la geole pouvoit contenir d'autres priſonniers, douze demandèrent à y être admis; ſept autres voulurent auſſi changer de local. On leur ouvrit un cachot, voiſin de la chapelle, dont l'air étoit ſi épais, que l'un de nous, que la foibleſſe de ſa vue oblige à ſe ſervir de lunettes, les vit, en un inſtant, ſe couvrir d'une vapeur fétide. Tel étoit pourtant le mal-être de ceux qui occupoient la chapelle, que ſeize d'entre eux préférèrent d'aller s'enfouir dans ce cachot. Il étoit ſi mal-ſain, que la moitié des infortunés qui y ont réſidé ſont morts; l'autre moitié a été très-dangereuſement malade. La ſituation des détenus, dans l'intérieur, n'étoit guères moins fâcheuſe; à quatre heures du ſoir, nous étions renfermés dans nos cachots qui ne s'ouvroient qu'à huit & dix heures du matin: c'eſt le régime que l'on nous a fait ſuivre pendant les dix-neuf jours de notre réſidence à Angers; ſeulement le nombre des priſonniers de la Chapelle fut réduit ſucceſſivement à quarante-trois. Juſqu'au matin du troiſième jour, nous éprouvâmes une gêne inſupportable, qui ne ceſſa qu'à la prière de ceux de nos camarades qui habitoient la geole; c'étoit d'être forcés de reſter dans la cour. Nous n'avions alors d'autre abri qu'un chauffoir au premier étage, propre à peine à contenir vingt-cinq personnes, & où en affluoient plus de cent cinquante, pour acheter le mauvais vin que le geolier faisoit vendre, & au niveau de la cour, une espèce de porche de six pieds de largeur dans l'angle duquel étoit le guichet, & qui servoit de dépôt aux cadavres. Le nombre de ces cadavres étoit chaque jour de quatre, de cinq ou de six. Plusieurs fois, ceux qui occupoient l'intérieur n'ont pu sortir de leur cachot, sans en enjamber quelqu'un; nous en avions tous les matins le hideux spectacle. Un jour même, nous devons le dire, nous avons vu déposer, sur trois cadavres, un misérable qui n'avoit pas encore exhalé le dernier soupir. Souvent des hommes qui se traînoient sur le fumier pour leurs besoins, y sont tombés morts. Un des nôtres (1), qui couchoit sur l'autel de la Chapelle, à côté de son père, tomba, dans les convulsions de l'agonie, sur le pain de ses voisins qui dînoient en ce moment, & mourut sous leurs yeux l'instant d'après. Un acte de bienfaisance n'est pas un titre; nous ne devons ni ne pouvons nous féliciter du don que nous nous empressâmes de faire à un prisonnier qui se précipita dans le puits pour en retirer un malheureux

(1) *Castellan*, fils, âgé de dix-neuf à vingt ans; après une agonie de quinze jours, il s'éteignit sous les yeux de son père, sans avoir reçu aucune espèce de secours.

qui venoit de s'y jetter dans un accès de fièvre chaude; mais on peut observer que tel étoit le le malheur de notre destinée, que nous n'avions sous les yeux que des objets d'horreur.

Déjà nous commençions à être dévorés par la vermine.

Lorsqu'après l'ordre du geolier ou de son guichetier, nous tardions de quelques secondes à rentrer dans nos cachots, nous étions menacés d'être mis aux fers, dans un cachot plus horrible encore, & que fermoit une triple porte.

Un jour de pluie, le tas de fumier fut tellement lavé, qu'un grand nombre de ruisseaux se forma depuis cette masse jusqu'à l'égoût, & c'étoient des excrémens humains qu'on voyoit ruisseler ainsi : l'air s'épaissit, se chargea de miasmes pestilentiels; le lendemain, nos lèvres étoient coupées, nos gencives saignoient; nous avions le visage pâle, enflé & couvert de pustules. Tous les accidens de la saison nous étoient également préjudiciables : la chaleur & la pluie rendoient l'air infect; le froid rigoureux, qui seul nous convenoit, avoit cet inconvénient que, contraints de tenir, pendant la nuit, notre fenêtre ouverte, il nous falloit ou suffoquer de chaleur, ou beaucoup souffrir du froid. Dans les tems humides, les murs de la Chapelle & des cachots dégoûtoient d'eau. Nous fumes tous attaqués de rhumes violens ou de douleurs rhumatismales. Trente-cinq compagnons de nos misères font morts probablement des fuites de cet affreux féjour, & plufieurs y ont contracté des infirmités pour le refte de leur vie.

Nous n'avons pu nous louer que d'une chofe; nous avions la liberté de faire venir du dehors des vivres.

Le 13 Frimaire, au matin, la générale battit, & le canon ne tarda pas à fe faire entendre. Les Brigands attaquoient Angers (1). Dès la veille, nous avions rédigé une pétition, afin d'obtenir de l'humanité & de la juftice une autre habitation : mais des rebelles menaçoient la patrie, nous ne devions plus nous occuper que du foin de la défendre. Nous rédigeons, à la hâte, une pétition nouvelle, pour demander des armes : nous engagions notre parole de républicains de rentrer en prifon auffi-tôt après le combat. Cette pétition portée à la Municipalité, y fut lue avec intérêt, mais on n'y fit pas droit : les jeunes gens sur-tout en furent au défefpoir; tous avoient porté les armes contre les rebelles, & plufieurs s'étoient trouvés à dix-neuf & vingt actions. Cette pétition,

(1) Une de leurs principales attaques fe faifoit près de la prifon. Les balles & la mitraille pleuvoient dans la cour où nous étions réunis; les boulets paffoient, fans relâche, au-deffus de nos têtes.

portée à l'inſtant où l'on parloit de rendre la ville, & pendant le feu le plus vif, étoit notre arrêt de mort, ſi les brigands euſſent été vainqueurs. Le lendemain l'attaque continue, & nous réitérons nos offres. Des Brigands détenus ſe flattoient d'une prochaine reddition de la ville, blaſphêmoient la République, & menaçoient de dénoncer les républicains. Nous vouâmes à l'infamie quiconque auroit la lâcheté d'abjurer cette République à laquelle nous n'avions pas ceſſé un ſeul inſtant d'être fidèles, quiconque n'auroit pas le courage de ſe dénoncer lui-même aux Brigands. Le 18 Frimaire, nous fîmes une collecte; & quoique preſque tous ruinés par les Brigands, nous avons pris ſur notre néceſſaire 2,400 liv. que nous avons adreſſées au Comité révolutionnaire, pour le ſoulagement des bleſſés.

Notre poſition ne changeoit pas; par une ſuite néceſſaire des maux qu'elle nous avoit cauſés, pluſieurs des nôtres, dangereuſement malades, étoient à l'infirmerie, ſi l'on peut appeller de ce nom un cachot, un repaire enfumé, qui contenoit ſix mauvais grabats, dans chacun deſquels les malades étoient entaſſés par trois, ſans diſtinction de maladies, manquant de tout, ne pouvant ſe procurer rien, & ne recevant la viſite d'aucun officier de ſanté. Ce n'étoit même qu'avec la plus grande difficulté, qu'un médecin & un chirurgien, nos compagnons d'infortune, & aux soins desquels nous devons le salut d'un grand nombre d'entre nous, pouvoient se procurer, pendant le jour, la facilité de les aller voir. Un vieillard étoit attaqué de goutte ; il falloit lui attacher les vésicatoires : à la demande qui en fut faite, on répondit : *s'il en a besoin, qu'il les aille chercher.* Durant nos dix-neuf jours de station à Angers, quatre Nantais sont morts, entre autres *Charrette-Boisfoucault*, âgé de soixante-treize ans, dont on avoit affecté de mettre le nom en tête de notre liste, sans doute afin que sa conformité avec celui de l'infâme *Charrette* nous fît regarder comme des scélérats de la Vendée, & attirât sur nous l'indignation des républicains. On a du moins fait courir ce bruit parmi nous ; & comme nous avions plus de motifs de concevoir des craintes, nous avons dû être plus crédules.

Le 21 Frimaire, quatre ont été rappellés à Nantes ; celui qui avoit disparu à Oudon devoit l'être aussi ; & pour le punir de son évasion, il a fait avec nous le voyage : il a été traduit au Tribunal révolutionnaire. Cet évènement a failli nous coûter à tous la vie ; car on nous a assuré qu'il y avoit ordre de nous fusiller tous si un seul s'échappoit. (1)

---

(1) Le 26 frimaire, nous vîmes une jeune homme sortir d'un cachot souterrain ; il luttoit contre le trépas ; il

Deux jours avant notre départ, le guichetier étant remonté à la geole, après avoir fait la couchée, annonça à quelques-uns d'entre nous, avec un air de mystère, propre à inspirer les plus vives allarmes, qu'il venoit de recevoir l'ordre de ne pas se coucher, parce que, dans la nuit, on devoit venir chercher quarante prisonniers. On lui demande s'il sçait la destination de ces prisonniers; il répond que non, d'une manière à augmenter les craintes sur leur sort. Cette confidence faite d'abord à deux ou trois, & prise, par eux, pour un avertissement salutaire, ne tarda pas à être connue de plusieurs autres. Les inquiétudes augmentoient, & l'extrême agitation de ceux qui étoient du secret, tourmentoit prodigieusement ceux qui ne le savoient pas; lorsque ce même guichetier, interprétant sa nouvelle, fit naître un peu de calme. Néanmoins comme son interprétation étoit peu satisfaisante, on convint de surveiller les mouvemens de la nuit. Un de nous fut mis en sentinelle, & la garde fut continuée jusqu'à ce qu'en-

---

chancelle, il tombe..... Des guichetiers l'enlèvent, le traînent par les pieds, & le jettent sur un tas de cadavres, trouvés morts dans leurs cachots, ensevelis dans une serpilière, & déposés au bas de l'escalier. En vain cherchâmes-nous à surprendre un mouvement d'humanité dans les garçons de la geole; ils refusèrent de transporter l'infortuné mourant à l'infirmerie. Une heure s'écoula, & il acheva son agonie sur un lit de cadavres!

viron une heure du matin, on entendit le geolier dire à son guichetier, de s'aller coucher, *que ce ne feroit pas pour cette nuit.* Cette annonce prolongea nos inquiétudes & nos précautions pendant les deux nuits suivantes. Enfin le 28 frimaire, à dix heures du soir, s'ouvre la porte de nos cachots. Qu'on juge de l'effroi de ceux qui étoient instruits du projet d'enlèvement de quarante prisonniers! Mais leur frayeur ne fut pas de longue durée. On nous annonça que nous partions le lendemain à cinq heures & qu'il falloit nous tenir prêts.

L'avant-veille, un officier de santé étoit venu prendre des renseignemens sur chacun de nous, probablement, pour déterminer le nombre de ceux qui pouvoient être transférés à pied. Plus de soixante déclarèrent des infirmités très-graves; cependant, au moment du départ, il ne se trouva qu'un cabriolet à trois places & un fourgon destiné à recevoir les effets, qui en fut presque rempli, & sur lequel la pitié fit jetter les moins capables de faire la route. On ne pouvoit voir sans attendrissement, des vieillards, des goutteux, des infirmes, des convalescens emprunter le bras des gendarmes pour se soutenir. Le vieux *Pilorgerie* sur-tout, blessé dangereusement par une chûte sur une bouteille brisée, au fond de l'escalier le plus noir, & dont la plaie, s'ouvrant au plus léger mouvement, le mettoit à chaque instant en péril de la vie, qu'il a perdue depuis, fut arraché de son lit, amené presque nud, le bras en écharpe

& la culotte sur les talons. La pitié que manifestèrent quelques hommes sensibles, attirés par la curiosité, détermina à le faire rester, ainsi qu'onze autres dangereusement malades. Cinq l'étoient accidentellement; trois jours après ils sont venus nous rejoindre à Saumur. Nous partîmes liés de cordes, six à six. Toutes les portes d'Angers étoient fermées, hors une. On nous fit traverser presque toute la ville; nous ne savons si cette traversée étoit nécessaire, mais une ou deux fois, sans la fermeté des militaires qui nous accompagnoient, elle nous eût été fatale. Nous arrivâmes au milieu des cris & des menaces, à l'extrémité du fauxbourg que l'approche des brigands avoit fait incendier dans presque toute sa longueur. Alors le commandant (1) nous permit de nous débarrasser de nos cordes, & mit en réquisition deux charrettes que le hasard fit rencontrer sur le chemin.

On avoit dit, dans les prisons, que les détenus d'Angers, que nous avions remplacés au Séminaire, avoient été conduits au Pont de Cé, & qu'une attaque imprévue de la part des brigands les avoit fait fusiller. A peine fûmes-nous en route, qu'une

(1) Nous regrettons de ne pouvoir faire connoître son nom. Il étoit originaire de Mayence, fait, depuis la révolution, Officier dans le Régiment ci-devant *Royal-Comtois*, dont un petit détachement de trente à quarante hommes nous servit d'escorte jusqu'à Saumur.

inquiétude générale se répandit ; nous redoutions un accident semblable, malgré notre innocence. La manière dont nous avions été traités, les qualifications que le Comité révolutionnaire de Nantes nous avoit données sur la liste remise à *Boussart*, *de complices des brigands de la Vendée*, étoient bien propres à inspirer cette terreur. Ce ne fut qu'après avoir dépassé le chemin qui conduit au Pont de Cé, & lorsque les généreuses attentions des Républicains qui nous escortoient nous eurent rassurés, que nous nous livrâmes au plaisir inexprimable de respirer un air pur dont nous étions altérés.

Il étoit quatre heures & demie ; nous étions arrivés à Saint-Mathurin, où nous devions passer la nuit. On nous fit entrer dans l'église ; on nous y apporta trois gigots, deux ragoûts de mouton, du pain & du vin. Nous faisions ce très-maigre repas lorsque le commandant de la place vient nous visiter ; il reconnoît l'un de nous qui lui avoit rendu plusieurs services, & qu'il sait être un excellent républicain. Il apprend par-là qui nous sommes, ou quels nous pouvons être. Il déclare que quinze cents hommes qui sont attendus sous un quart-d'heure, ne nous permettent pas de rester en ce lieu, & qu'il faut que nous partions. Le bruit est soudain répandu qu'au même endroit, dans une semblable rencontre, des prisonniers, escortés par le même officier qui nous conduisoit, ont été fusillés, & qu'on prend des précautions pour nous épargner ce malheur; qu'on va ranger la troupe en bataille à l'autre extrémité du bourg, afin que nous puissions partir sans qu'elle nous voie. Nous nous commandons tous le plus profond silence; la plus grande obscurité régnoit dans l'église; les uns cherchoient un asyle; d'autres examinoient par où l'on pouvoit fuir; ceux-ci attendoient, sans agitation, ce qui feroit décidé de leur sort. Cependant le tambour battoit, la troupe défiloit : on ne tarda pas à ordonner notre départ, & l'on nous fit payer 366 liv. pour la dépense que nous avions faite.

Nous entrâmes aux Rosiers à neuf heures du soir; notre lassitude étoit extrême; plusieurs se dispersèrent dans la ville, & logèrent chez des citoyens, sans qu'on sût où ils résidoient. La masse fut placée dans une auberge où l'on ne put disposer que de trois chambres; le reste de ceux qui ne purent les occuper s'alla coucher dans une écurie : c'étoit, après la nuit passée au Séminaire, la meilleure couchée que nous eussions faite depuis notre départ de Nantes. Une chose nous fit bien sentir le péril où nous nous étions trouvés : l'Officier municipal qui avoit pourvu à notre logement, s'étonna de nous voir encore en vie, & nous assura que nous avions été fusillés au Pont de Cé. Malgré ces bruits, nos conducteurs avoient en nous une telle confiance, qu'ils nous laissèrent jouir de la plus grande liberté ; nous avions tous les moyens possibles de nous évader ; aucun n'en conçut même l'idée ; puisque le lendemain, au premier coup de baguette, nous nous trouvâmes tous au lieu du rassemblement.

C'est assurément une circonstance remarquable qu'on nous ait fait partir d'Angers, sans nous compter, sans appel nominal, sans liste qui constatât notre nombre, seulement avec quarante hommes d'escorte ; qu'on nous ait avertis précipitamment à dix heures du soir, & choisi un jour où l'on ne pouvoit pas ignorer que nous serions croisés sur la route par quinze cents hommes justement ennemis des scélérats, aux crimes desquels la calomnie se plaisoit à nous associer. Nous ne voulons asseoir sur cet assemblage de circonstances aucunes conjectures ; mais il nous étoit permis alors de tout craindre & de tout croire : aussi devons-nous penser que nous n'avons pas couru, à Saint-Mathurin, un danger imaginaire.

Le lendemain nous partîmes pour Saumur (1). Nous trouvâmes, presqu'à l'entrée du fauxbourg, un détachement du deuxième bataillon du 109e. régiment, qui s'est si éminemment distingué dans la guerre de la Vendée, & dont plusieurs fois les

(1) Il paroît que nous n'étions pas attendus à Saumur, puisque le Commandant, ayant pris les devans, fut annoncer notre arrivée, & demander un renfort pour notre escorte.

Nantais ont partagé les glorieux travaux. Il crut d'abord que nous étions des brigands ; mais il fut bientôt désabusé. Nous entrons dans le fauxbourg, voici les premiers mots que nous entendîmes : *Il faut les faire passer sous les fenêtres du Général, car il veut tout voir, & de-là nous les conduirons à la place de la guillotine.....* C'étoit le commandant du détachement qui les proféroit. Cependant il nous a protégés avec cette vigueur qui caractérise le républicain. Il est impossible d'exprimer les imprécations, les cris de fureur, les menaces qui s'élevoient à chaque pas contre nous ; soldats & citoyens sembloient se disputer à qui semeroit parmi nous le plus d'horreur & d'épouvante. A la première barrière, un second détachement de cent hommes étoit sous les armes, & renforça les deux autres. Plus nous avancions, plus les clameurs devenoient terribles ; des sabres furent tirés : l'énergie des officiers & des militaires fut tout contenir. Enfin nous arrivons sous les fenêtres du Général ; nous y reçumes une consolation bien douce, & dont nos cœurs avoient grand besoin. Un Commandant de bataillon, curieux de nous voir, s'étoit mis en haie. Nous défilons ; il reconnoît des hommes qui ont été ses compagnons d'armes, ardens révolutionnaires dès le principe de la révolution, implacables ennemis des brigands, dès les premiers mouvemens de la Vendée ; il s'étonne, il s'écrie : *Où donc désormais chercher des patriotes ?*

La curiosité du Général étant satisfaite, nous retournons sur nos pas, & l'on nous fait marcher du côté de la prison. Nous avions à peine passé une ou deux rues, que nous rencontrâmes cinq hommes condamnés au dernier supplice, & deux desquels on y conduisoit. Nous étions forcés de les suivre au pas le plus lent, comme d'infâmes rebelles qui devoient subir une semblable destinée : il est impossible d'exprimer ce que nous avions senti, ce que nous sentions encore... (1).

En entrant dans la prison, le geolier demanda à l'officier qui nous conduisoit, la liste de nos noms. L'officier répondit qu'il n'en avoit point ; *qu'on ne lui en avoit point donné ;* qu'on l'avoit chargé de nous conduire, & qu'il nous remettoit à Saumur comme il nous avoit pris à Angers. Alors un de nos camarades dresse lui-même la liste de nos noms ; & l'espèce de querelle qui s'étoit élevée entre le geolier & le commandant fut bientôt terminée.

Après plusieurs heures d'attente dans la cour de la prison, on nous fit entrer dans l'intérieur ; quelques-uns furent placés dans des greniers ; d'autres dans l'infirmerie ; le plus grand nombre,

---

(1) Un vieillard, mort depuis à Paris, fut tellement affecté des cris & des menaces qui retentissoient à nos oreilles, qu'il se laissa tomber du haut de son charriot sur le pavé, & qu'on le releva presque privé de toute connoissance.

dans deux petites chambres qu'ils rempliſſoient abſolument. Quelques jours auparavant, dans ces mêmes chambres, étoient entaſſés & mouroient les uns ſur les autres, des brigands. On nous a dit qu'il en réſultoit une infection telle, qu'on n'y pouvoit entrer ſans s'expoſer à périr : c'étoit au point que, le troiſième jour, lorſque le beſoin de purifier l'air nous contraignit d'allumer du feu, celui qui l'allumoit fut trois fois repouſſé par l'odeur dont les balayures ſeules avoient infecté la cheminée.

On nous donna de la paille, pour couvrir une litière de vermine.

Nous étions ſi ſerrés, notre poſition étoit ſi fatigante, que toute autre telle qu'on la ſuppoſât, ne pouvoit qu'être meilleure. L'un de nous ſe met en quête. La nuit étoit ſombre ; il cherche dans la cour, en tâtonnant le long des murailles ; il trouve un vuide : il entre..... C'étoit une remiſe ; il heurte, il tombe..... C'étoit ſur des cadavres, les uns nuds, les autres couverts de haillons encore empreints de pourriture ! il reſpire la peſte. Pénétré d'horreur, il ſe retire, & vient nous apprendre que demain nous aurons ſous les yeux ce hideux ſpectacle. La cour qui ſéparoit la remiſe de nos deux chambres, n'avoit que dix-huit pieds de largeur.

Il y avoit trois puits dans la maiſon : on nous avertit de ne pas boire de l'eau d'un de ces.

puits ; elle étoit mortelle : les cadavres qu'on y avoit jettés l'infectoient.

Plusieurs officiers de l'état-major nous visitèrent ; ils furent révoltés à la vue de la remise : ils en firent enlever les cadavres, qui déjà tomboient en dissolution. Un autre local fut marqué pour les recevoir à l'avenir. Les paroles de ces braves républicains ne furent pas moins consolantes que leurs actes avoient été salutaires.

L'avant-veille de notre départ de Saumur, nous eûmes sous les yeux le triste spectacle de trente-six individus liés & garottés, qui restèrent dans la cour depuis la pointe du jour jusqu'à dix heures du matin, & qui durent être fusillés le jour même, à une demi-lieue de la ville.

L'exécuteur étant un jour à la geole avec plusieurs de nos camarades, s'informa de notre nombre, & nous regardant déjà comme une proie assurée, *Savez-vous bien*, dit-il, *que je suis capable de vous expédier tous en moins d'une heure ?* Tout ce que nous voyions, tout ce que nous entendions, semoit dans nos cœurs l'épouvante & l'horreur.

Après cinq jours de résidence dans les affreuses prisons de Saumur, le citoyen *Follio*, Adjudant de la place, qui vint nous anoncer notre départ, se servit de ces paroles remarquables : RÉJOUISSEZ-VOUS, MES AMIS ; DEMAIN VOUS PARTEZ POUR PARIS. C'est ici que s'ouvre encore un vaste champ aux conjectures : plusieurs fois nous avions cherché à deviner les motifs de notre séjour à Saumur. Ce n'étoit pas assurément pour nous reposer de nos fatigues, puisque nous venions d'Angers, où nous avions séjourné dix-neuf jours entiers ; puisqu'à Saumur on nous avoit déposés dans un local où nous respirions la contagion, & où plusieurs d'entre nous ont contracté des maladies qui les ont conduits au tombeau ; puisqu'enfin, sans avoir égard à nos fatigues, à notre exténuement, à nos déplorables misères, on nous a conduits tout d'un trait à Paris, où dix-neuf de nos compagnons d'infortune ont encore perdu la vie..... Si l'ordre de nous traduire à Paris avoit existé lors de notre arrivée à Saumur, pourquoi nous y a-t-on laissé séjourner pendant le temps nécessaire à l'aller d'un courrier à Nantes & à son retour ? Nous ne chercherons point à approfondir davantage les accidens de notre voyage, ni quel fut d'abord son but réel. Le voile mystérieux qui l'a accompagné va se déchirer, & l'on connoîtra bientôt qui nous sommes & quels furent nos persécuteurs. (1)

---

(1) Le Comité Révolutionnaire de Nantes est maintenant à la Conciergerie, & au moment d'être jugé. Le citoyen *Phelippes*, ex-président des Tribunaux criminel & révolutionnaire du Département de la Loire inférieure, entendit, le 14 Frimaire, 7 jours après notre départ de

Le commandant temporaire de Saumur vint aussi nous prévenir que nous partirions le lendemain pour Paris ; que nous ne devions plus concevoir aucune inquiétude ; qu'il étoit arrivé un événement sinistre à un convoi de détenus dont plusieurs avoient été victimes ; mais que nous n'aurions point à craindre un semblable événement ; que nous serions escortés par un bon détachement, & qu'il marcheroit lui-même à notre tête jusqu'à la sortie de la ville.

L'officier de gendarmerie qui devoit nous conduire, commença par jurer qu'il feroit fusiller le premier qui s'écarteroit *d'un pouce*. Il fut mis en réquisition un nombre de charrettes & de charriots tel que presque aucun de nous ne fut forcé d'aller à pied. La Municipalité fit défense de nous invectiver à notre passage. Un des principaux Officiers nous accompagna jusques aux barrières, afin de protéger notre sortie. Nous fîmes tranquillement notre route jusqu'à la Chapelle blanche, où nous couchâmes sur la paille, dans un grenier à bled.

Nantes, *Goullin* & autres membres du Comité s'exprimer sur notre compte, comme si nous n'existions déjà plus. Une citoyenne s'étant rendue à la Municipalité pour y demander quelques pièces justificatives pour l'un de nous, il lui fut répondu : *Vous prenez un soin désormais inutile ; ce sont des hommes qu'on a sacrifiés ; ils ne sont plus.* = Enfin il paroît constant que le Comité avoit signé & expédié l'ordre de nous faire fusiller.

Un malade s'y procura un matelat pour 18 francs. Le commandant ayant requis de la paille, on protesta qu'il n'y en avoit point; il ne s'en trouva que lorsque chacun de nous eut consenti à la payer.

A *Langeais*, la municipalité nous fit un accueil favorable. Elle nous logea dans une maison particulière; nous eûmes la faculté de louer des matelats. Le maire donna tous ceux qu'il avoit chez lui. Il apporta lui-même sa soupe aux malades; nous écrivîmes sur une des cheminées de la maison : *Les Nantais reconnoissans aux habitans de Langeais.*

Auprès du pont de Tours s'élevèrent des clameurs non moins violentes qu'à Saumur; heureusement nous n'entrâmes pas dans la ville. On nous parqua dans une auberge dont le propriétaire étoit mort depuis trois jours, & sur les effets duquel le scellé étoit apposé. Les chambres ne suffisant pas à la moitié de nous, quoique nous occupassions toute leur superficie, il fallut bien que l'autre moitié couchât dans l'écurie. On alluma dans la cour un grand feu; nous étions fatigués; nous avions plusieurs malades; nos santés commençoient à s'altérer; nous comptions sur un séjour, il nous fut refusé. Dès le matin l'on nous mit en route. Nos malades ne purent obtenir d'être déposés à l'hôpital.

Nous couchâmes à Amboise, dans la chapelle du Bout-des-Ponts. Elle étoit dépavée; l'air en étoit putride. Nous comptions n'y être que par entrepôt. Il y avoit des auberges ; on pouvoit nous y loger, mais on nous apporta de la paille ; les débris de l'autel & les statues brisées nous servirent d'oreillers. En effet, quelques jours auparavant, la fête de la Raison avoit été célébrée dans cette église. Pour purifier l'air, quelques-uns s'avisèrent d'allumer du feu. Le remède fut pire que le mal, & pendant plus de trois heures nous fûmes fatigués par une fumée épaisse que nous n'avions pas de moyens de dissiper.

A Tours nous avions changé d'escorte. On n'imagine pas à quel point nos nouveaux guides, les vétérans de Mayence, étoient prévenus contre nous. Ils nous le témoignèrent à la première vue, & s'attendoient bien qu'on n'avoit pas donné inutilement, à chacun d'eux, trois paquets de cartouches. Mais ils ne tardèrent pas à reconnoître l'injustice de leurs préventions. Plusieurs nous manifestèrent leur douleur des sentimens qu'ils avoient eus, & nous déclarèrent qu'ils croyoient être destinés à nous fusiller. Ils nous invitèrent à ne rien craindre, & nous promirent leur appui contre quiconque auroit la cruelle injustice de nous outrager.

Deux officiers municipaux de Blois vinrent au-devant de nous, lors de notre entrée en cette ville. Leur présence fit cesser les injures & les menaces dont nous ne manquions jamais d'être assaillis ; nous fûmes logés à la maison des ex-Carmelites ; nous

reçûmes

reçûmes à Blois des paroles de consolation; nous y trouvâmes de l'humanité; nous y vîmes des Républicains sensibles à nos malheurs.

Nous devons observer que, d'un bout à l'autre de la route, les Autorités constituées n'ont été averties de notre arrivée prochaine qu'un quart-d'heure à l'avance, que quelquefois même elles ne l'ont apprise qu'en nous voyant.

Nous eûmes le bonheur de laisser à Blois nos malades : ils étoient quatre; deux sont morts (1). Nous partîmes au milieu des clameurs, escortés par la réquisition de *Mers*.

Nous fûmes bien reçus à Beaugency; on nous répartit dans trois auberges, deux par lits ou par matelats. C'étoit le premier repas que nous faisions à table, & la première nuit que nous passions entre des draps.

Aucun de nous ne s'étoit déshabillé depuis trente-quatre jours. Nous avions été conduits de cachots en cachots, d'églises en églises, d'écuries en écuries, couchant toujours sur de la paille souvent pourrie.

(1) Nous avons appris avec un sentiment de reconnoissance, que les Commissaires de la Municipalité ont prodigué tous les soins possibles à ces infortunées victimes, & qu'ils ont eu constamment, pour celles qui vivent encore, tous les égards dus au malheur, & à des hommes que la Loi n'avoit pas encore reconnus coupables.

Nous étions accablés de fatigues quand nous arrivâmes à Orléans. Depuis notre départ de Saumur, nous avions fait chaque jour, sans discontinuité, six, sept, huit, & même neuf lieues. Ceux qui étoient montés sur des charrettes ne souffroient pas moins que les piétons. Nous avions encore plusieurs malades; nous demandions un séjour; l'humanité & la justice le réclamoient. Les trois Agens nationaux, après s'être bien informés de notre qualité, étoient d'avis qu'on nous l'accordât; le Commandant de notre escorte s'y refusa opiniâtrement.

On nous a dit que l'un des deux malades que nous avons laissé à Orléans y est mort. Nous ne pouvons que nous louer du traitement que nous avons reçu dans cette ville.

Il n'en est pas ainsi d'Arthenay. On nous logea dans des écuries fétides, sur une litière qui n'étoit autre chose que du fumier. Les consignes les plus sévères nous interdirent d'abord l'entrée de la maison & toute communication extérieure. Le froid étoit excessif, & l'on nous défendit d'allumer du feu dans la cour; mais, ce qui est vraiment étrange, nous avions faim, il nous étoit défendu de faire du feu, & l'on nous apporta de la viande crue. On nous donna à peine moitié de la paille qui devoit nous être distribuée. Nous nous plaignîmes, mais l'aubergiste, qui étoit notable, nous menaça du cachot ; ce ne fut qu'avec beaucoup de peine que nous obtînmes qu'il nous vendît de la paille. Sur le soir cependant, quelques malades & infirmes purent pénétrer dans la maison, & se procurèrent des lits moyennant dix livres : le très-grand nombre ne sortit pas des écuries.

Nous devions encore loger dans des écuries, à *Angerville* : on nous avoit destiné celles de l'auberge que tenoit le Procureur de la Commune ; mais elles étoient plus mal-saines encore que celles *d'Arthenay*, & d'ailleurs, étant ouvertes de toutes parts, il eût fallu tripler la garde. Cela fit changer les premières dispositions ; mais les dernières furent si mal prises que, quoiqu'on nous eût mis dans deux auberges, cinq ou six ne purent esquiver l'écurie, malgré leurs réclamations. Plus nous approchions, plus nos fatigues croissoient ; le froid étoit vif ; nous allumons, dans la cheminée d'une des chambres, un assez petit fagot : l'aubergiste entre, dit que nous voulons incendier sa maison ; il éteint le feu, culbute le bois, nous accable d'injures, & finit par menacer de nous assommer *à coups de triques*. Il sembloit que presque tous les lieux de notre passage dussent être signalés par quelque déplaisir nouveau.

Etampes nous consola d'*Angerville* ; nous y fûmes traités comme à *Beaugency*. Le maire & le Commandant de la garde nationale nous visitèrent,

& voulurent bien nous donner quelques marques d'intérêt.

Il eſt impoſſible d'être plus mal logés & plus audacieuſement pillés que nous l'avons été à *Arpajon.* Nous avons jugé inutile d'obſerver que tous les aubergiſtes nous ont écorchés ; mais l'hôte d'*Arpajon* paſſoit les bornes. Au lieu de paille, il nous donna des paillaſſes déteſtables, pour chacune deſquelles il exigea 10 livres ; il demanda un prix proportionné pour ſon ſouper, qui n'étoit pas moins déteſtable que ſes paillaſſes. Cela provenoit de ce que les autorités conſtituées n'étoient pas inſtruites à temps de notre paſſage ſur leur territoire : on nous jettoit à diſcrétion au premier venu. Nous nous plaignîmes ; le Commandant menaça ceux qui ſe plaignoient de les attacher s'ils ne payoient pas.

Enfin, le 16 Nivôſe, vers quatre heures du ſoir, nous arrivâmes à Paris. Nous y avions été précédés par la même erreur qui nous acompagnoit ſur la route ; on nous annonçoit comme des rebelles de la Vendée ; on diſoit que nous étions l'état-major de l'armée catholique.

Ce fut ſans doute, par l'effet de manœuvres qui ſeront un jour connues, que, le lendemain de notre arrivée, tout Paris retentit de la nouvelle que cent dix brigands, venus de Nantes, alloient être fuſillés dans la plaine des Sablons ; les journaux l'annoncèrent, les colporteurs crièrent nos noms dans les rues; & le peuple trompé se porta sur les Champs-Elysées, pour nous voir défiler.

Chargés de cette inculpation, il n'est pas étonnant qu'on nous ait placés, à la mairie, dans un ci-devant grenier; le pavé y étoit chargé de deux pouces de poussière de plâtre, dont l'aspiration n'a pas peu contribué aux maladies qui nous ont si cruellement affectés. Le concierge nous fit payer pour 50 francs de pots-de-chambre qu'il ne nous fournit point.

Le 18 Nivôse, nous fûmes transférés à la Conciergerie, où nous habitions, pour la plupart, les cachots de la tour de *Montgommery* : nos malades remplissoient l'infirmerie.

Depuis le 26 Nivôse, nous fûmes successivement transférés dans des maisons de santé ou de détention.

Cependant l'opinion publique fut bientôt éclairée. Le peuple est revenu des fâcheuses impressions qu'on avoit voulu lui donner. C'est alors que, songeant aux dangers que nous avions courus sur la route, nous nous sommes rappellé avec un sentiment de joie & de consolation ces paroles du citoyen *Follio*, adjudant de la place de Saumur : *Réjouissez-vous, mes amis, vous partez demain pour Paris.* Nous avions souvent trouvé de la bienveillance sur la route ce n'est qu'à Paris que nous avons trouvé l'humanité.

Nous étions partis de Nantes au nombre de cent trente-deux; nous ne sommes aujourd'hui que quatre-vingt-dix-sept (1). Nous attendons de la justice des Représentans du peuple notre liberté, dont nous n'avons jamais cessé d'être dignes, & dont les actes si étrangement arbitraires du comité de Nantes nous ont privés si long-temps.

Paris, *maison Belhomme*, rue Charonne, fauxbourg Antoine, le 1er. Messidor, an deuxième de la République Française, une & indivisible.

J. M. DORVO. A. PECCOT fils. MARTIN, *dit* DURADIER. ISSOTIER. Amable POUCHET. Théodore GESLIN. VILLENAVE. Sebastien PINEAU. Henri LA THOISON. J. M. SOTIN, *marin.*

Suivent d'autres signatures.

P. S. Les Nantais sont restés détenus *rue Charonne, fauxbourg Antoine, au Petit-Bercy, à la Folie-Renaud* & ailleurs, jusqu'au 5 Thermidor, époque remarquable à laquelle ils ont été

---

(1) Trente-six étoient déjà morts de misère. Depuis notre translation au ci-devant collége du Plessis, le citoyen *Abraham*, Juge de paix à Nantes, vient encore de mourir, & plusieurs d'entre nous sont menacés d'une rechûte funeste.

réunis, *maison de l'Égalité*, ci-devant *collége du Plessis, rue Jacques*.

Vainement, pendant six mois, ont-ils demandé leur jugement ; vainement plusieurs d'entre eux ont-ils publié des mémoires justificatifs ; vainement l'opinion publique s'est-elle favorablement prononcée sur eux...... ils ne sont pas encore libres..... Le Comité révolutionnaire de Nantes avoit besoin d'éloigner la révélation de ses attentats contre la République.

On n'ignore pas que ce Comité s'est couvert de tous les crimes ; qu'il a exercé des concussions horribles ; qu'il a taxé la vie & la liberté des citoyens (1) ; qu'il a commis des actes caractérisés

(1) Quelques jours avant le départ des Nantais pour Paris, *Naud*, d'abord négociant, bientôt banqueroutier, ensuite commissaire *bienveillant* du Comité, se rendit à la maison d'arrêt de l'Éperonnière, fit appeller, dans le jardin, sept à huit d'entre nous, & là, en présence de l'officier de poste & d'un capitaine des grenadiers de la légion Nantaise, il leur parla en ces termes : « C'est » maintenant ici la guerre des gueux contre ceux qui ont » quelque chose. Je vous conseille de vous exécuter. » Faites des sacrifices ; le temps presse..... Il est question » d'un voyage de Paris ; & d'ailleurs l'aventure des *quatre-* » *vingt-dix prêtres qui viennent d'être noyés*, est un motif » suffisant pour vous déterminer promptement. »
Nos camarades surent braver la mort, plutôt que de consentir à racheter leur liberté ou leur vie par une lâcheté ;

par le plus effroyable arbitraire (1) : & l'on a dû croire que puisque nous étions les premières victimes des fureurs contre-révolutionnaires du Comité, il n'avoit pu nous réserver un meilleur sort que celui de tant de personnes de tout sexe & de tout âge, qu'il a fait noyer *sans jugement*, & dont

---

&, jusques dans les fers, ils montrèrent un orgueil républicain.

On trouvera dans le Mémoire du citoyen *Phelippes*, ex-président des tribunaux criminel & révolutionnaire du Département de la Loire-Inférieure, d'autres faits, d'autres détails, qui jetteront un jour horrible sur les crimes du Comité.

(1) Ces actes sont en partie rapportés dans le Mémoire de *Phelippes*, dans la procédure qui le suit & qui est consignée sur les registres du tribunal criminel de la Loire Inférieure.

Le Comité a déclaré avoir donné à tous les membres de son Armée révolutionnaire *le droit d'incarcérer d'eux-mêmes*, ajoutant que *cela étoit bien essentiel pour que rien ne ralentît leur* ZÈLE. (Compte rendu, page 12.) Il a imprimé qu'il n'avoit pas *dû attendre*, *pour agir*, *des preuves matérielles ou des dénonciations* (Ibid. pag. 8.); qu'*il vaut mieux que dix patriotes ayent à souffrir d'une erreur involontaire, que de voir échapper un seul conspirateur.* (Ibid. pag. 13.) Il a cru justifier l'arrestation d'un millier de citoyens, en disant : *Nous n'atteignions, à dire vrai, aucun de ceux qu'il étoit si essentiel d'atteindre.* (Ibid. pag 7). Il a osé dire, en parlant des cent trente-deux Nantais envoyés à Paris, & dont trente-six sont morts sur la route, ou peu de jours après leur arrivée : IL PARUT

la Loire épouvantée a vomi les cadavres dans l'Océan (1).

Il s'est trouvé un homme ferme, courageux, qui, se dévouant pour sa patrie, n'a pas craint d'attaquer le Comité révolutionnaire, & de le poursuivre légalement dans les fonctions d'accusateur public qu'il remplissoit alors (2). Trop d'affreuses vérités alloient être révélées..... Il fut bientôt

---

CONVENABLE *de les envoyer à Paris, parce que le Comité de Salut public pouvoit tirer d'eux les plus grands renseignemens.* (Ibid. pag. 10.)

(1) Extrait d'un ouvrage intitulé : « Conjuration formée, » le 5 prairial, par neuf Représentans du peuple, contre » Maximilien Robespierre, pour l'immoler en plein sénat. » Rapport & Acte d'accusation, dont la lecture devoit » précéder, dans la Convention, cet acte de dévouement, » publié par *Lecointre*, de Versailles. »..... *On ne doit plus voir la torche incendiant l'étable, la chaumière, la cabane du pauvre sans distinction d'avec le château, le palais du riche ou du noble contre-révolutionnaire;* ON NE DOIT PLUS VOIR ENTASSÉES, DANS DES BATEAUX S'ENTR'OUVRANT A DESSEIN, DES MILLIERS DE MALHEUREUSES VICTIMES, PRÉCIPITÉES AU MILIEU DES FLOTS, APRÈS AVOIR ÉTÉ ARRACHÉES A LEURS FOYERS, CONTRE LESQUELLES AUCUN JUGEMENT PRÉALABLE N'ÉTOIT INTERVENU.

Ce passage remarquable du discours que *Lecointre* devoit prononcer, au mois de prairial, portoit directement sur la conduite du Comité Révolutionnaire de Nantes.

(2) Le citoyen *Phelippes* a constaté le noyement de

dénoncé lui-même par les ſcélérats *qu'il pourſuivoit*, & traduit au Tribunal révolutionnaire, lié & garotté comme un conſpirateur & avec un conſpirateur; il eſt maintenant réuni avec nous.

Cependant l'époque approchoit où le crêpe funèbre qui couvroit la ville de Nantes feroit déchiré. Le ſang arbitrairement répandu crioit vengeance; le deuil de mille familles déſolées étoit l'éloquent monument de mille crimes. La voix publique accuſoit le Comité. Les citoyens *Bourbotte* & *Bô*, Repréſentans du peuple, firent incarcérer les membres qui le compoſoient, & quelques-uns de leurs agens, exécrables complices de tous leurs forfaits : ils publièrent une proclamation vigoureuſe, dans laquelle ils invitèrent les citoyens de Nantes à porter à la Municipalité leurs plaintes & leurs déclarations contre le Comité. Le citoyen *Bô* rendit à la liberté les innocentes victimes qui exiſtoient encore. Les agens, les partiſans du tyran Robeſpierre osèrent calomnier le Repréſentant du peuple; tous les républicains le

---

cent vingt-neuf détenus à la maiſon de juſtice du Bouffay, fait dans la nuit du 24 au 25 frimaire, dix-ſept jours après notre départ. Il a conſtaté que *Goullin* & *Grandmaiſon* préſidèrent à cette horrible expédition; & il déclare, dans ſon mémoire, que les 14 & 15 frimaire, le Comité voulut faire délibérer, en ſa préſence, *ſi oui ou non, on feroit périr les priſonniers en maſſe.*

bénirent; & il a laissé à Nantes un souvenir qui ne mourra jamais.

Pendant sa mission bienfaisante, les Nantais semblèrent renaître au bonheur & à la liberté. Les déclarations se multiplièrent en un instant : elles contenoient de terribles, d'utiles révélations; elles furent recueillies, & le Comité fut enfin traduit au Tribunal révolutionnaire.

Il étoit prêt d'arriver à Paris, lorsqu'il apprit la fin tragique de *Robespierre*. Il donna toutes les marques du plus violent désespoir (1), & se regarda, dès ce moment, comme perdu.

Maintenant, l'accusateur, les accusés, les assassins & les victimes se trouvent réunis sous le même toît !.... Ils partagent les mêmes fers !.. l'innocence reste opprimée; le crime n'est pas encore puni.

Comment se fait-il que les Nantais ne soient

---

(1) » Avant d'arriver à Versailles, le Comité Révolutionnaire de Nantes ayant appris la chûte de Robespierre, & qu'il s'étoit brûlé la cervelle d'un coup de pistolet; *Coullin*, prenant sa tête à deux mains, & la laissant tomber sur ses genoux, s'écria: *Ah! Ciel, est-il possible!* = *Grandmaison* dit: *Si cela est, nous sommes perdus.* = *Chaux*, donnant tous les signes du désespoir, se prenant aux cheveux & pleurant, fit entendre plusieurs exclamations. Un gendarme s'en étonna, & chercha à les rassurer, sur ce que la nouvelle de la chûte

pas encore rendus à la liberté ! — Le Comité de Nantes a-t-il, oui ou non, donné l'ordre de les fusiller ? ... Le Comité les envoyoit-il à Paris ? .. devoient ils être assassinés sur la route ? ... existe-t-il contre eux des pièces ou des dénonciations ? Qui donc a voulu les perdre ? qui donc a besoin de les perdre encore pour se sauver ? ... Des monstres qui ont fait périr dans les flots d'innombrables victimes.

Quel bras retient le glaive de la loi suspendu sur la tête du Comité ? Ses victimes languissent depuis onze mois dans les fers .... Qui donc recule devant elles le jour de la justice ?

Les espérances que le généreux dévouement des Représentans du peuple & la sublime attitude de la Convention viennent de donner à la République, ne peuvent être vaines, & les Nantais vont sans doute enfin voir briser leurs fers.

» de Robespierre n'étoit pas encore confirmée. Le citoyen » *Abram*, capitaine de navire, faisant le voyage avec le » Comité, ne put s'empêcher de témoigner de l'étonne- » ment, en voyant un tel désespoir, & en entendant » des exclamations qui lui parurent extraordinaires. *Grand-* » *maison* lui répondit : *Robespierre est notre défenseur ; s'il* » *est perdu, nous sommes f....* »

Cette déclaration faite en présence de plusieurs Citoyens a été envoyée au Comité de Sûreté générale, le 30 thermidor, par le citoyen *Sotin* jeune.

Loin d'eux tout esprit de récrimination & de vengeance. Ils soupirent après leurs foyers, & ne doivent voir que la République.

Paris, Maison Égalité, ci-devant Collège du Plessis, le 30 Thermidor, an deuxième de la République Française, une & indivisible.

J. M. DORVO. A. PECCOT fils. MARTIN, dit DURADIER. ISSOTIER. Amable POUCHET. Théodore GESLIN. VILLENAVE. Sebastien PINEAU. Henri LA THOISON. J. M. SOTIN, *marin.*

Suivent d'autres signatures.

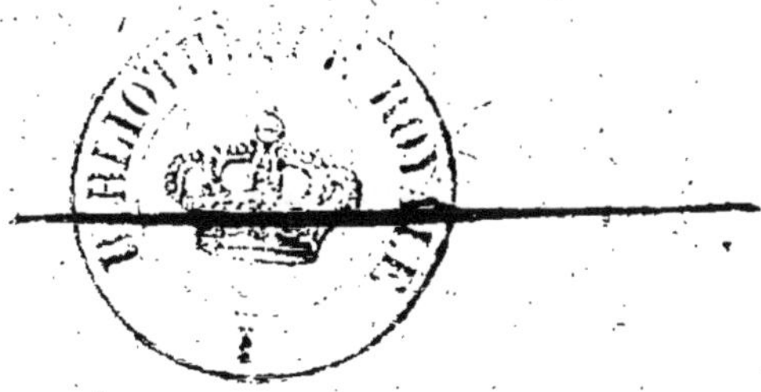

Loin d'eux tout esprit de récrimination & de vengeance. Ils sacrifient tous leurs griefs, & ne doivent voir que la République.

Paris, Maison Égalité, ci-devant Collège du Plessis, le 30 Thermidor, an deuxième de la République Française, une & indivisible.

J.-M. Dorvo. A. Précot fils. Martin, dit Duranier. Escoffier. Amable Pouchard. Théodore Gasser. Villenave. Sébastien Fermaux. Henri La Thorson. J. M. Sorin, maire.

Suivent d'autres signatures.

www.ingramcontent.com/pod-product-compliance
Ingram Content Group UK Ltd.
Pitfield, Milton Keynes, MK11 3LW, UK
UKHW022145190726
13855UKWH00003B/1349